사선으로 올려 걸으며

사선으로 올려 걸으며

초판 1쇄 발행 2025년 10월 31일
초판 2쇄 발행 2025년 11월 10일

신고번호 제313-2010-376호
등록번호 105-91-58839

지은이 최진숙

발행처 보민출판사
발행인 김국환
기획 김선희
편집 현경보
디자인 다인디자인

주소 경기도 파주시 해올로 11, 우미린@ 상가 2동 109호
전화 070-8615-7449
사이트 www.bominbook.com

ISBN 979-11-6957-388-7　　　03810

- 가격은 뒤표지에 있으며, 파본은 구입하신 서점에서 교환해드립니다.
- 이 책은 저작권법에 의하여 보호를 받는 저작물이므로 무단 전재와 복사를 금합니다.

사선으로 올려 걸으며

최진숙 시집

내 정신 가물가물 몽롱해지더라도, 당신 향한 그리움 잊지 않으리이다

보민출판사

/ 추 / 천 / 사 /

    최진숙 시인의 시집《사선으로 올려 걸으며》는 한 사람의 삶이 지닌 온기를 빛과 그림자의 결을 따라 섬세하게 길어 올린 시편집이다. 제목에서부터 드러나듯, 이 시집은 한 치의 곧은 길이 아닌 비스듬한 궤적을 따라 살아온 날들의 고백과 회한, 그리고 다시 일어서는 힘을 담고 있다. 시인은 삶의 진창과 방죽, 그 위를 사선으로 걸으며 쏟아낸 눈물과 웃음을 있는 그대로 시어에 담아낸다.

    첫 장을 펼치면 '마음길'에서 "다 하지 못한 한마디 말 / 주워 담으며 / 하염없이 걷는다"라는 구절이 맞아준다. 삶이란 결국 전하지 못한 말들을 끌어안은 채 계속 걸어가는 여정임을 시인은 담담히 노래한다. 이어지는 '돌 깨는 할아버지'에서는 가족을 사랑하는 노인의 투박하지만 짙은 마음을 느낄 수 있다. "참 몹쓸 그리움이라고 허공을 향해 퍼부어댄다"는 고백은, 결국 그리움조차 삶을 버텨내게 하는 힘임을 알려준다.

이 시집의 바탕에는 고향의 풍경과 가족의 얼굴, 그리고 어린 날의 기억이 깊이 배어 있다. '순옥엄니'에서 들려오는 푸짐한 쌀밥 한 양푼의 정, '자전거'에서 아버지의 눈물과 무등에 실린 체온, '빨래터'에서 얼음장 같은 물에 손을 담근 아이들의 붉어진 손마디까지. 그것들은 모두 가난했지만 결코 불행하지 않았던 시절의 표정들이다. 시인은 이를 단순한 회상이 아닌, 오늘을 살아가는 힘으로 되살린다.

또한 이 시집은 아픔과 상실을 숨기지 않는다. '아프다는 거'에서는 병과 고통의 실체를 적나라하게 드러내면서도, 그것을 나누고 감싸는 연대의 필요를 말한다. '말이 없다'에서는 차마 입술로 건네지 못한 슬픔이 고요 속에 잠겨 있다. 그러나 시인은 좌절 속에서도 끝내 "아프지 말기를 / 조심조심 길 위로 떠나보낸다"고 노래한다. 상실은 끝이 아니라 또 다른 길의 시작임을 보여주는 대목이다. 나아가 시집 곳곳에는 유년의 천진한 웃음과 신앙적 위로가 포개져 있다. '천둥소리'에서 아이와 엄마가 주고받는 대화는 두려움조차 따뜻한 이야기로 바꿔내며, '달을 따주세요'에서는 아이가 달을 향해 손을 뻗는 순수한 소망이 삶의 희망으로 이어진다.

시인의 언어는 마치 흑백영화를 보듯 덤덤하고 깊다. 그리고 사소한 일상을 이야기한다. '콩자반 도시락', '고구마순 김치', '보리밥' 마치 엄마의 빛바랜 사소한 사진들 같다. 그러나 바로 그 사소함 속에서 시는 가장 진실한 빛을 발한다. 일상의 작은 조각들이 모여 한 사람의 인생을, 나아가 한 시대의 집단적 기억을 형성해내는 것이다.

무엇보다 이 시집이 특별한 이유는, 삶을 견뎌낸 사람만이 쓸 수 있는 언어로 가득 차 있기 때문이다. 그것은 누구도 흉내 낼 수 없는 진정성의 무게이며, 동시에 독자의 마음을 단숨에 녹여내는 따뜻함이다. 읽다 보면 어느새 "사람아, 와줘서 고마워요 / 있어줘서 고마워요"라고 고백하는 시인의 음성이 내 안에서 울린다.

최진숙 시인의 《사선으로 올려 걸으며》는 그리움과 사랑, 아픔과 회복을 노래한 한 권의 삶의 기록이다. 책장을 덮는 순간, 독자는 '내 안에도 이런 기억과 체온이 있었구나' 하고 새삼 깨닫게 될 것이다. 삶의 부서진 조각들 속에서 다시 일어서는 힘을 찾고 싶은 이들에게, 이 시집은 옛 친구이자 깊은 위로가 되어줄 것이다.

2025년 9월
작가 **김선희**

/ 시 / 인 / 의 / 말 /

　뇌졸중으로 한쪽 다리를 전혀 사용하지 못하는 엄니의 수고를 보며 아픈 몸을 부모에게 보이고 싶지 않다 하고는 먼발치서 고향집 처마 끝을 물끄러미, 마지막 엄마가 해주는 따뜻한 한 끼 밥을 먹고 싶다 하던 동생의 숨겨둔 말을 들으며, 홀로 남겨진 아버지의 외로운 삶을 지켜보며 가두리 삶의 애가 타는 먹먹함이 추억과 뒤범벅되어 흐르는 시냇물처럼 감성의 물줄기가 발원되게 되었더이다. 주체할 수 없이 밀려드는 추억의 감성더미들이 내 마음의 작은 도랑으로 넘쳐흐르면 내가 아는 단어로 헤집어 보았더이다.

　신나게 뛰어놀던 황토밭 길과 산동네 덥수룩한 마을 어귀들, 꽁보리 뒤주통 박박 긁어내던 소리, 핼쑥하게 여윈 바람이 메마른 부엌 문지방 미안스레 넘나드는 소리, 가난의 60년대를 지나 80년대를 거쳐 오늘에 이르기까지 전기도 없고, 전화기도 없고, 우산도 없고, 장작더미도 없고, 왕복 일십 리길을 오로지 걸음으로만 걸어가야 했던 울창한 소나무 숲길과 캄캄한 산동네, 푸성귀 씨레기에 퉁퉁 부은 보리알이 둥둥 떠다니는 물 반 씨레기 반, 알콩달콩 밥상에 모여 앉은 외할머니를 비롯 이모 등 10명의 가족들, 우산이 없어 쫄쫄 새앙쥐 되고 나면 모자람이 참 궁금하던 시절, 칼바람 추위와 수북이 쌓여가던 함박눈 세상에서 종종걸음으로 벌겋게 부어가던 손가락과 발가락과 트여가던 양 볼때기, 은하수와 별동별이 밤하늘에 펼쳐지면 광활하다지만 알 수 없는 먼 나라 우주 나라, 지금도 그 시절에 살라 하면 마다하지 않을 주마등 시절을 세월의 모습을 보았듯 느꼈듯 써 내려갔더이다. 아픔과 아쉬움과 그리움으로 태워진 긴긴 조각들을 추억으로 데려와 현실에서 채웠더이다. 전능하신 한 분께서 생각을 다스리시어 어설픈 감성들을 담게 되었더이다.

2025년 9월
시인 **최진숙**

/목/차/

추천사 / 4
시인의 말 / 7

제1부. 돌 깨는 할아버지

마음길 / 16
돌 깨는 할아버지 / 18
보아라 / 21
양보 / 23
천둥소리 / 25
쫑알쫑알 / 27
발가락 / 28
두꺼비집 / 29
고마워요 / 31
겨울 아이스께끼 / 32
아픔을 걸으며 오늘 여기에 / 33
하늘비 / 35
어디로 가니 / 37
순옥엄니 / 39
자전거 / 41

대롱대롱 / 42
사탕 / 44
동죽 / 45
아프다는 거 / 46
내 친구 선생님 / 48

제2부. 파고드는 그리움

파고드는 그리움 / 52
말이 없다 / 54
세월 / 56
거리 / 57
속삭임 / 58
깜짝시장 / 61
세 바퀴 / 62
선물 / 63
밤새우시다 / 64
소낭구 / 65
스모그 / 67
부탁 / 68
기성회비 / 69
꽃치마 / 71
빨래터 / 72
용서하여 주소서 / 73
봇짐을 지고 / 74
미안해 아가야 / 75
비 내리는 날 / 77
콩자반 / 80

제3부. 달을 따주세요

내리사랑 / 84
수제껌 / 85
뒤란 / 86
눈보라 / 88
우산 / 90
그러하기에 / 91
코스모스 / 92
아부지하고 나하고 / 94
객지생활 / 95
어이하리요 / 96
차렷 경례 / 98
갈바람 / 99
편백나무야 / 101
꿀단지 / 104
낙엽 / 106
달을 따주세요 / 108
아이스크림 / 109
방죽 / 110
그녀 / 112
의자 / 114

제4부. 울 동네 울 동무

창문을 잠그고 / 118
사슴의 발 / 120
선택 / 122

기다리다가 / 124
변화 / 126
고향내음 / 128
울 동네 울 동무 / 130
얼아가 / 132
발자국 / 133
경계선 / 134
끝나야 끝나지요 / 135
시간 / 136
보리밥 / 138
등잔불 / 140
우리네 / 142
아이야 / 144
미루나무 / 146
공간 / 148
보고 싶다구요 / 150
로버트 엄마 / 151
니가 부서지면 / 153

제1부

돌 깨는 할아버지

임자에게 미안하다고 중얼거리며
참 몹쓸 그리움이라고 허공을 향해 퍼부어댄다

마음길

한 걸음 내딛는다
여기쯤 너도 내디뎠을까
살며시 고개 돌려본다

다 하지 못한 한마디 말
전하려 했던 한마디 말
주워 담으며
하염없이 걷는다

걷다가 걸으다가
보듬어 내려놓는다

아프지 않게
조심조심 내려놓는다
떠나보낸다

치이고 채이다 스치더라도
흔적과 흔적이 마주치더라도
아프지 말기를

조심조심
길 위로 떠나보낸다

떠오를까 생각되거든
부서져다오
눈서리 만나거든
한 번 더 부서져다오

조심조심
마음 밖으로 떠나보낸다

돌 깨는 할아버지

더디 감이 지루해서
아직은 자전거 페달 밟을 힘이 있어서

조각난 돌판들을
주섬주섬

마당에 디딤돌 하나
그 위에 작은 돌판 하나
톡탁 톡탁
가슴에게도 퍽퍽 퍽퍽
임자에게 미안하다고 중얼거리며
참 몹쓸 그리움이라고 허공을 향해 퍼부어댄다

잠시 지루함을 잊었다
배가 고프다
막걸리와 김치 한 조각
어린 풋고추에 임자 고추장 한 점

멍하니 앞마당을 바라본다
장독대와 강아지들과 닭 가족들과
가끔씩 찾아오는 참새무리들

괜스레 메리, 덕구를 부른다
앞발을 껑충껑충, 뒷발은 폴짝폴짝
꼬리는 흔들흔들

부서진 돌판들은
작은 부스러기가 되어 앞마당에 뿌려진다
자식들 애빌 찾아오다 진흙에 발목 적실라

오늘은 이만큼만

남겨진 날들도
남겨진 조각 친구들이 있어야
더디 가는 하루를
더디 간다 생각 덜 하며
보낼 수 있을 테니

보아라

보았습니다
구슬픈 나그네를 보았습니다

팔랑개비 코스모스 길에서

구부정한 등허리를 투과하여
길다란 그림자만
꼿꼿이
앞서 걷게 하는
지상의 여정을 보았습니다
가겠다 하는 세월을 보았습니다

보았습니다
서글픈 풍경을 보았습니다

작은 봉우리 틈새에서

붉은 태양을 가슴에 안고
장엄하게 지구 밖으로 떨어져 나가는
황망한 허무를 보았습니다
가겠다 하는 풍경을 보았습니다

노을이 질 때 너는 무엇을 원하겠느냐?
용서받기입니다

세월은
내일 다시 없고 말았습니다
풍경은
내일 다시 찬란하게 솟아올랐습니다

양보

나를 지탱하던 뼈마디는
골다공증에게 양보하고
말랑말랑하던 5mm 연골은
1mm에게 양보하고
길은 길에게 양보하려 하오

밍크 잔디는
바랭이 잡초에게 양보하고
텃밭 고추 도랑은
쇠비름 잡초에게 양보하고

괭이질로 박박 긁고
갈퀴로 한데 모아

더러는 편백나무 무르팍에 휘리릭 휘리릭

더러는 마당 한켠 외딴 아궁이
불쏘시개로 집어 던지고

더러는 마당 한가운데서
성난 모기들 뱅뱅 돌다 질식하며 줄행랑치는
모락모락 연기가 되고

이제 놓으려 하오
정겨운 추억 몸짓들을 놓으려 하오

유일한 친구
TV 리모컨은 야무진 손마디로 꽉 잡고
이리로 꾹 저리로 꾹

밖에 세상은 어느새
가로등 불빛이 켜지는가 보구려
하루가 저물고 있다는 말이겠지요
나도 이 방 저 방 등불을 켜야겠소

해 밝아지면 켜 있는지 안 켜 있는지는
내 알 바 아니라오
단전된 적 없으니
참 이쁜 녀석들이 잘도 챙겼는가 보구려

당신 덕분이오
내 정신 가물가물 몽롱해지더라도
당신 향한 그리움 잊지 않으리이다
그립다 말하리이다

천둥소리

무슨 소리야?

으응, 바람이 많이 불어서 구름이 부딪히는 소리

왜?

으응, 바람이 왔다 갔다 하고
구름도 왔다 갔다 하다가 꽈당 하고 부딪혔대

그럼 구름 아팠어? 피났어?
밴드 부쳐주자

그래, 부쳐주자
근데 구름은 멀리 높은 데 있어서
손이 닿을 수 없어
밴드 부칠 수 없는데 어떡하지
밥 많이 먹고 키 커지면 그때 부쳐주자아

그래? 좋아!
아파서 울었어?

으응, 아파서 눈물이 주르륵 흘렀대

괴물 안 와?

으응, 엄마가 오지 마라고 꽈당 쫓아내서 못 온대

괴물 안 와?

으응, 깜깜한 밤이라서 길이 안 보여서 못 온대

괴물 안 와?

으응, 하나님이 힘이 쎄서 다 쫓아내셨대
멀리 멀리 도망가 버렸대

괴물 안 와?

으응, 힘이 없어져서 못 온대
하나님이 다 이겼대

응, 그래?
아멘 하면 안 와?

그으럼

쫑알쫑알

매미가 왜 안 울지?
하우가 안 울고 와서
매미도 안 우는가 보다

발가락

어쩌다 열 개
나도 나도 스무 개
아이 추워 서른 개
마흔 개가 되었네
쉰 고개를 넘어가네
한 개는 엄마 품에서 새록새록

이제부터 시작이다
이모 꺼 열 개
할머니 꺼 열 개
모두 일흔 개가 우당탕탕

잡아당긴 자는 따숩게
가운데 낀 자는 덩달아 따숩게
양 귀퉁이에 있는 자는 못 따숩게

요령껏 재주껏
비집고 파고들어 생겨난
낑기는 한자리의 틈새는
어인 뿌듯함
오늘 밤에도 잼나게 파고들기 해보자

두꺼비집

고구마 넝쿨 한 줄기 들어 올리면
배고픔에 허기 진 땀방울 주렁주렁

고구마 넝쿨 두 줄기 들어 올리면
우리 아가 잘 자는가 염려에
조미조미 땀방울 주링주링

고구마 넝쿨 세 줄기 들어 올리면
고구마 줄게 보리쌀 주겠소?
조심스런 기대에
근심희망 땀방울 주렁주렁

아이는 모친의 시야에서
촉촉한 흙모래와
손등에서 사르르 미끄럼 타는
두꺼비집 놀이 삼매경

흙모래 방석 삼아
헌집 줄게 새집 다오
고구마 줄게 쌀밥 다오

넝쿨은 토실토실 알맹이가 되어
건넌방 통가리를 통통하게 채워 나가고

솜씨 좋은 녀석은
군침 도는 고구마순 김치가 되어
초라한 밥상 위를 풍성하게 채워 나가고

투박하게 아팠던 하루는
희뿌연 보리죽에
호호하하 오손도손 하하호호 오손도손

누런 주전자에 당원 한 꼬집이면
울 엄니 휘청이는 등허리
타는 목마름에
단비가 되었을 텐데

즐거움과 무감각의 사이에서
모친은 아리고
아이는
두껍아 두껍아 헌집 줄게 새집 다오
새집 줄게 쌀밥 다오

고마워요

사람아
와줘서 고마워요
있어줘서 고마워요

사랑아
미소 줘서 고마워요
보게 해줘서 고마워요

풍경아
푸르름 줘서 고마워요
구름그늘 줘서 고마워요
보슬비 줘서 고마워요
함박눈 줘서 고마워요
싱그러운 햇살 줘서 고마워요

하늘아
생명 줘서 고마워요
호흡 줘서 고마워요
꺾이는 무릎 줘서 고마워요

이 모든 고마움에
나는 없어 더욱 고마워요

겨울 아이스께끼

장독대엔
금강산 일만 이천봉 수북수북
마당 싸리 빗자루엔
한라산 주상절리 수북수북
온 세상에 하얗게
겹겹이 수북수북

밤새 눈 속에 파묻혔던 고구마는
맛있는 아이스께끼로 변신해 있어
기대와 기다림이 준 최고의 선물이 되죠

손이 시려워
입이 시려워
요리조리 돌리면서 천천히 먹으면 돼요
행복한 미소와 함께
호호 불며
꿀꺽꿀꺽 천천히 먹으면 돼요
즐거움도 최고가 되죠

아픔을 걸으며 오늘 여기에

사랑을 먹으며
옹알이를 배우며
재롱을 디디며
세상에 첫발을 걸으며

힌찟 사랑을 먹으며
반지하 단칸방을 뛰어다니며
기다림을 배우며
지상으로 탈출하며

우울을 바라보며
흔들리는 아픈 번민과 마주하며
한 봉지 과자에 함박 웃으며
단추 끼우는 요령을 알아 나가며
눈 부신 햇살 아래 추운 몸 녹이며

눈앞에서 일어나는 슬픔을 목도하며
기막힘에 좌절하며
원망하며 그리워하며 참으며 삭이며

하늘을 보며
허공을 보며

숨어 있는 바램을 찾으며
엎드리며
은총을 바라며

감격하며
기쁨을 안으며
소망과 함께
아픔을 걸으며 오늘 여기에

- 선호의 마음이 되어

하늘비

우산은 싫어 싫어
절레절레

아가들이 빗방울을 만난다
하늘에서
충히고 내려오면
땅에서
퐁하고 채송화 날개로 활짝 피어온다

이내 사라졌다가
또다시
여기저기서 퐁 퐁 퐁
방긋방긋 웃음으로 피어온다

발끝으로 옹기종기 모여온다
냅다 장화로 쿵 누른다
여기저기 쿵 첨벙 쿵 첨벙 쿵 첨벙
잼있다

아가는 몸짓으로 말을 건넨다
손을 내밀어 빗방울을 움켜잡는다
손에 없다

또 잡는다
또 없다
숨바꼭질한다
신난다

나뭇잎에서도 빗방울이 떼구르르
손가락에서도 빗방울이 간질간질
신이 난다
웃음이 난다

어디로 가니

가로등이 비추인다
덩그런 미소로 환하게 비춰준다

날카로운 칼바람이 어둑어둑 설 보인다
스쳐 흩날리는 여린 천사들이
희꾸름 보이나
오는 길 멀어 힘들 텐데

어찌하려 여기로

소나무 가시 끝에 걸터앉아
아파하려는 건

뒹구는 낙엽의자 위에 걸터앉아
외로움을 마시려는 건

한적한 논밭 건초더미에 내려앉아
지는 해 배웅하려는 건

아닐까?

여보시세 천사님들
가다가 힘들거든 머물러주시겠는가

방곡리 인삼밭에 고운 흙으로
몸 녹여 흐르다 흘러 샛강의 하얀 발원지로
사랑스레 엄마와 놀고 있는 아기돌고래 즐거운 놀이터로

어디로 가니
어디까지 갔니
또 와줄 거니

하염없이 흩날리던 네가
보고 싶구나

추운 날에도 따뜻한 봄날에도
오늘 같은 날에도

순옥엄니

담장 하나 사이
진시기어매 진시기어매
일와바
쌀밥 있당께

박 바가지에
품팔이를 하고 얻어 온 귀하디귀한 설움의 먹거리를
고민 없는 웃음으로 나눠주신다
우쭐우쭐 의기양양 나눠주신다

바가지 들고 푹푹 퍼서 덜어주면
양재기 들고 얼씨구나 두 손 공손히

먹거리로 시름 깊던 시절
배곯이로 눈물 아프던 시절
한 양푼의 커다란 행복이었다

바지런한 순옥엄니는 동네방네 소식통
거무티티 광목적삼에
누리끼리 끄나풀로 허리춤 질끈 동여매며

내일은 또 내일의 발품으로
내일이 살아지리라

꿈꾸는 소녀의 발꿈치에는
고민이 엉겨 붙을 겨를이 없었다

자전거

미륵산 꼭대기에 올랐다
아부지 등허리 야무지게 움켜잡고

어른들은 막걸리와 음식을 드신다
아이들은 산자락 바위틈을 오르락내리락
비명 섞어 기겁, 질겁, 식겁을 한다
산마루 아래가 바위흙 낭떠리지다

아부지가 흐느낀다
푸석한 소매 끝으로 눈물을 훔친다
꺼억 꺼억 소리를 낸다
예닐곱 아이는
지 아부지 눈물에 물끄러미 바라만 본다

보고 싶다 하신다
며칠 있으면 만나겠거니 했다 하신다
만날 수 없다 하신다
갈 수 없는 길이라 하셨다

엄마한테 가고 싶다
집에는 어케 해야 하나
자전거는 어케 해야 하나

대롱대롱

간밤에
천사들이 지붕 위에 하얀 이불을 덮어줬어요
모두모두 하얀 나라가 되었어요
전깃불이 없어도 아주 캄캄하지 않아요

고개를 들어 먼 곳을 바라보면
하얗게 산들도 보여요
지금은
호랑이가 나올 것 같지 않아요
하얀 나라는 무섭지 않아요

하루 이틀 자고 나니
처마 끝에
대롱대롱
줄줄이 줄줄이 매달려 있네요
가끔 쓰러져 떨어지는 병정들도 있고
힘들어 울어버리는 병정들도 있고

야트막한 초가지붕이라서
땡그렁 부딪혀도 아프지 않아요

또 한 밤 두 밤 지나고 나니
가지런히
다소곳하던 투명병정들이
맥없이 툭툭 손을 놓아버리네요

힘들다 내색을 하면서요
떠나고 싶다 내색을 하면서요

아쉬움을 전하고
잘 가라 인사를 하죠

눈은 고드름을 지나 눈물이 되고
마당은 진창이 되고
너덜거리는 고무신엔
흙물이 들어오고
손 시렵고 발 시렵고 재잘거리고

사탕

친구 사탕이
내게로 온다
움켜 감싼다

아장아장 굽이굽이 고개 넘어
들녘 넘어
집으로 온다
옹기종기 동생들이 많다

어금니로 꽈악 누른다
서너 조각이 된다
큰 거부터 막내에게 먹인다
그 다음 큰 거는 막내 위에게
그 다음 큰 거는 막내 위
또 위에게

조각은 없어졌다
깨물다가 새었는지
달달한 훗 맛이 여운을 남긴다

동죽

산 동죽
모래톱에 잠겨 있다가 밀물이 밀려오면
한 바가지 들이키고 나서
어떠한 물결에도 끄떡없다고
제 앉은 자리에서 투철하다

안 산 동죽
작은 물살에도 촐랑촐랑 흐느적흐느적
이리 나부끼며
저리 나부댄다

산들 무엇하리
안 산들 무엇하리
괜한 발버둥 예서 소진할쏘냐

사람 톡톡 건드려보아도
갈매기 두 눈 부릅떠 쳐다보아도
마음줄 놓은 비인 몸이라 한다
얽매이지 않는 자유가 되리라 한다
자유에 얽매인 바다가 되리라 한다

아프다는 거

아프다는 거
몸이 자유롭지 못하다는 거
자기 몸을 자기가 지탱할 수 없게 된다는 거
서글프다는 거

아프다는 거
통증을 온몸으로 만나야 한다는 거
도려내듯 깎아내듯 고통스럽다는 거
식탁다리 붙잡고 입술을 깨문다는 거
혼자 버텨야 한다는 거

아프다는 거
외롭다는 거
참다 견디다 소리 지른다는 거
평범한 세상과 점점 멀어진다는 거
혼자 흐느낀다는 거

아프다는 거
아프고 있는 게 아픈 사람의 일이라는 거
제일 힘든 일이라는 거
지쳐간다는 거

아프다는 거
도와야 한다는 거
모두가 숨죽이며
고통을 줄여줘야 한다든 거
우리가 해야 하는 일이라는 거

내 친구 선생님

초롱초롱 눈빛이 눈에 띄셨단다
고놈 눈여겨보게 되셨단다

복도에서 마주치면 친구처럼 반가웠다
안 보이면 궁금했다

동학사 수학여행 기차를 놓쳤을 때는
기다려주셨다

철길을 걸으며 도란도란
학생들이여 포부를 가지시오
펄 · 벅의 대지가 울 집에 오기도 했다
어른과 이야기하는 것을 처음 배웠다

고뇌로의 번민에서 허우적일 때는
인생 조율하는 방법을 넌지시 귀띔해주셨다

미워하셨다
미워했었다

이상과 현실의 벽 사이에서
떨쳐버리지 못하는 공포스런 염려로의 불안은

칡나무와 등나무 같은 어깃장으로 표출되었고
분출하는 반항은 일상이 되기도 했다

기다려주셨다
먼발치서 바라봐 주셨다
튕겨 나긴 기타줄이 다듬어지길
애타시면서 언짢아하시면서 기다려주셨다

기뻐하고 슬퍼하며 잊으며 잊혀져 가며
삶을 그려내는 쓴 그림의 붓이 되며
추억으로 새겨진 그립고 고마운 가치가 되며
선생님이자 스승님이자 은사님이 되고 계셨다

제2부

파고드는 그리움

그리움은 그리움으로 남아 있어야
깊은 그리움이 되는 거

파고드는 그리움

포기하게 되더이다
포기하고 말더이다
포기가 위로가 되고
망각이 되고
눈물 보자기에 싸매게 되고

환갑이 넘어서서야 마음이 정착되어 가더이다
차츰차츰 노동을 알아가게 되더이다

화사했던 유치원 길과
힘차게 뛰놀던 산과 들과 동네 한 바퀴
헤엄쳐 오가던 향긋한 강줄기는
추억 갈피에 고이 접어 아스라이 버려두시게

곱던 어무이 모습
근사한 아부이 모습일랑도
그리운 그리움으로 고스란히 고이 접어
호흡 속에 깊숙이 파묻어 두시게

그리움은 그리움으로 남아 있어야
진한 그리움이 되는 거

한이란 놈이 뭉클 찾아와
가슴을 후벼파거든
찬찬히 달래며 간신히 버텨보시게

검게 타버린 도화지 위에
그리고 새기며 베껴보시게

눈물 바위가 폭포수처럼 굴러 쏟아지거든
다시 꺼내
그리고 새기며 베껴보시게

그리움은 그리움으로 남아 있어야
깊은 그리움이 되는 거
혈혈단신에 여섯을 두었으니 푸근하지 아니하시는가

그래도 맴도는 그리움이거든
그리운 그리움으로 아련히 기억해 보시게

그리움은 그리움으로 남아 있어야
진한 그리움이 되는 거

말이 없다

하늘 바다가 푸르다
깊디깊게 짙푸르다
푸르다가 푸르다가
창백한 도화지를 펼친다

숨결 담은 가느다란 붓을 찾아
하나의 모습을
억만 개의 물감으로 세세히 그려낸다

들린다
어여 고추를 수확하라 한다
무어라 꿀팁도 들려오는 듯하다

듣지 못하는 체한다
눈물 아프지 아니하려고
가슴 줄줄 흐르지 않게 하려고

듣지 못하는 체한다
입술을 파르르 다물며

말을 하지 못하는 체한다
깊이 아파서

말을 하지 못하는 체한다

슬픔을 알지 못하는 체한다
말을 하지 못한다

말이 없다
말이 없다

세월

밥 먹다가 밥알을 떨어뜨린다
국물을 먹다가도 줄줄
입언저리서 새나간다
자꾸만 틈새가 많아진다

가다듬어 애쓰는데도
어설프기만 하다

한 해 한 해
가까워지고 있나 보다

거리

갑자기 겨울이 왔나 보다
오늘따라 유난히 춥다

추운 거리는
참 쓸쓸하다
텅
비어 있다

모두들 우리 안에서
소를 키우나 보다

속삭임

폭신폭신 포근함
쪼글쪼글 물컹물컹 따뜻따뜻
실타래 얹혀놓았나
엉킨 갈래
깊은 시름이 많다
그래도 보들보들 보드랍기 그지없다

가느다란 건 엄마 손목이고요
작은 건 내 손목이래요

엄마 손이 내 손
내 배꼽이 엄마 배꼽

엄마는 내 엄마
나는 엄마 새끼

귓가에게 속삭이며 들려드린다
눈물 담아 고운 얘기 들려드린다
천천히 다소곳이 속삭여드린다

사랑해요 나의 엄마
다시 만나요

고마워요 감사해요 보살필께요

남겨진 속삭임은
소리 내지 못하며
슬퍼 아파하다가

사랑한다 나의 아이들아

메아리를 입에 물고
나비처럼 나풀나풀
들꽃 사이로 숨어
날아가 버린다

숨어 나는 나비가 아름다워
잡지 못하고 만다

깜짝시장

푸짐하다
넉넉한 마음이다

궁핍을 발판 삼으며
허덕허덕

허공을 서성이다가
허덕허덕

넉넉한 마음이다
장바구니가 풍성하다

세 바퀴

삼륜버스가 덜커덩 지나간다
황톳빛 뿌연 흙자갈 모래폭풍이 인다
모두들 폭풍이 진정될 때까지
옷소매로 코입을 가린다

자욱한 먼지
빼꼼히 보이는 실눈으로
폭풍 속으로 사라져가는
삼륜버스를 바라본다

참 빠르다
타고 싶다
10원 내야 한다
안 탄다
못 탄다

선물

살짜기 부엌으로 간다
엄마 이마가 아궁이로 들어갈 모양새다
고놈의 파릇한 나무들이 활활 타오르지 않아서이다

엄마 곁에 가만히 앉는다
내민다
말랑말랑한 껍데기를 살금살금 벗긴다
엄마만 먹으라고 속삭인다
두어 개를 거뜬히 먹으신다

힘들게 꿀꺽하신다
배부르다 하고 남기신다

마음가시가 한 일 한 모양이다
주렁주렁 식구들이 밟히는 모양이다

밤새우시다

흐느꼈다
엄마한테 들킬까봐 이불을 뒤집어쓰고
가만히 울었다
학교 가지 않으리라 맘먹었다
속상했다

몸이 말했나 보다
엄마가 이불을 들춘다
목에 걸린 눈물이 또로록 주루룩
눈가를 타고 볼을 지나 턱 밑까지
또로록 주루룩
어깨가 들썩인다

우렁각시가 왔다 갔나 보다
할머니 한복이
아이의 치마저고리로 변신해 있었다
상채기가 가슴을 파고들었다

소낭구

푸릇푸릇 향기가 좋다
지글지글 타닥타닥
초록 연기가 자욱하다

울 할머니
눈 사이를 뚫고서 소낭구를 모아 오셨다
메마른 가지는 이미 몸 빠른 다른 이들의 몫이었고
하루하루 버티는 사람 없는 가족은
할머니의 고된 멍에에 추위를 덮어 버틴다

소낭구는
아궁이에서 온몸을 달군다
자신을 녹여 온기를 퍼뜨린다

모락모락
켈럭켈럭
방바닥 여기저기는 굴뚝이 된다

어설픈 구들장과
울퉁불퉁한 방바닥
모깃불 연기로 가득 채워진다

동네 또래들이 모여
나무하러 가자 한다

소낭구 낙엽을 갈퀴로 팍팍 긁어
새끼줄로 죄어 묶어 어깨에 둘러맨다

어설폈나 보다
또래 언니가 다시 묶어준다

가볍다
신난다

스모그

가득했었다
쉬임 없이 마셨다
아팠다
많이 아파서 숨을 쉴 수가 없었다
멈췄다

월급 받아
시골 부모님께 드려야 하는데
동생들 차비 학비에 보태야 하는데
절박했다
가난이 옥죄여 왔다
궁핍이 턱 밑까지 차올랐다

살아있으니 숨을 쉬어야 하고
숨을 쉬고 있으니 견뎌야 했다

허공에서 울었다
절망을 디디고 울었다

부탁

다음에 다음에
어느 시대에서 어느 사람을 만나거든
말해주라
지금 말하고 있는 이 말들을

너희를 만나서 반가워했고
너희들과 이야기하고 싶어 했던

훗날의 그리움을 쓸어내리며
미래의 솔밭길을 걸었던

빼곡히 울창한 너희들의 모습에 고마워했고
고향이 그리워질 때면
너희들도 그리워질 거라고 말했던

어느 사람 하나가
한 인생이 지나갔었다고

기성회비

맨 마지막에 부르신다
부르시기 싫어하시는 마음을
표정으로 적으신다
덩달아 민망해 멋쩍어한다

기성회비 많이 밀린 학생들은
집에 가서 가지고 오너라
네댓 명이 호명된다

졸졸 집으로 향한다
울 반에서 울 동네는 2명
포함이다

어머니께서 선반을 뒤적이신다
책갈피에 가지런히 끼워 놓은 2닢뭉치
내야 할 기성회비의
반에도 미치지 못하는 쬐끄만 2닢뭉치

어디선가 새어 나오는 깊은
한숨 소리
절규

무덤덤하게 받아 준다
짬을 모르는 체 종종걸음한다
마음이 산산이 조각이 난다
갈가리 찢기어 떨어져 나간다

터덜터덜 학교로 간다
왕복 10리길
하루 도합 20리길을 걷는다

꽃치마

엄마가 치마를 사오셨다
회색빛 주름치마다
쑥회색에 띄엄띄엄 빨간색 실선 줄무늬

마당 빨랫줄에 걸려 있는
이불을 뒤집어쓴다

엄마 보일까봐
숨어서 운다

어두운 회색이 싫었다
화사한 이쁜 색을 입고 싶었다

회색 치마가 보이지 않았다
엄마표 다우다 꽃치마가 왔다

빨래터

빨래는
강에 가서 하란다
살얼음이 얼었다
두 녀석이 따라 나온다
자리 편 지 하루 만이니 녀석들도
어색하기는 매한가지

큰 녀석이 같이 하잔다
살얼음에 담갔다 건졌다
고사리손이 조몰락조몰락
손마디가 벌게진다

혼자 다 하라고 소리친다
제 설움에 제 하소연이다

용서하여 주소서

그러지 아니하려고 해도
자꾸만
필요를 찾아 헤매고 있음을
용서하여 주소서

그러지 아니하려고 해도
자주 자주
소견대로 살고 싶어짐을
용서하여 주소서

그러지 아니하려고 해도
드문드문
호흡열쇠를 가진 자처럼 우쭐대고 있음을
용서하여 주소서

용서하여 주소서

봇짐을 지고

벌건 흙탕물이다
경험 많은 동네 사람들이 웅성거린다
낮은 쪽 틈새를 비집고 새어 나와
스멀스멀 올 수 있다 한다
꼼지락꼼지락 서서히 올 수 있다 한다

기절초풍 아연실색

작은 아이 포대기에 업고
큰 아이 손에 손잡고
가벼운 이불과 간단한 먹거리
꼭대기 꼭대기로 향한다

당직 선생님이 놀라신다
애처로운지 강당으로 안내한다

마룻바닥에 작은 이불을 펴니
안도의 평안이 몰려왔다

미안해 아가야

졸랑졸랑
잘도 따라다닌다

산도 많고 물도 많고
낯선 시골살이가 고달픈
애써 평온한 척
엄마 노릇에 긴장하는 처음엄마

묻고서 내렸다
털털거리는 경운기가 지나간다
손을 들어 도움 요청
태워주셨다
깊이깊이 고마웠다

엄마의 난처한 입장을 잘도 헤아려주는
친구 같은 큰 녀석 큰 애기
엄마의 끄나풀에서 떨어지기 싫어하는
막내 같은 작은 녀석 작은 애기

아끼고 아껴

큰 녀석에겐
주름 많은 노란 원피스

작은 녀석에겐
레이스 많은 꽃무늬 원피스

비 내리는 날

차들이 촉촉하게 세차를 한다
대추나무 이파리가 파르르 흐느낀다
우두두뚝 출렁
감나무 가지가 힘겹게 버티어낸다

놀이터 모래는 후룩후룩
흠뻑 마시고
건물 유리창은 비걸레로 청소를 한다

허탕치셨겠다
폐지 모으시던 할버지가 생각난다
영영 못 오시는 것일 수도 있겠다 싶다
허하다

길은

철렁철렁
걸어야 했던 하굣길은

질퍽하도록
등줄기까지 울어버리던 하굣길은

길은

힘들어도 끝까지 걸어야 했던
단련길은

백발이 되고 나서야
그랬댔니?
그랬었구나!

방울방울 떨어져
주룩주룩 줄기져 오는
빗줄기 사이사이를 헤집어 바라보며
강물 되어 흘러가는 빗물들을 바라보며

처량했고 쓸쓸했던
어린 날들을
배웅한다

백발이 되고 나서야
그랬댔니?
그랬었구나!

비 내리는 날
비를 본다

콩자반

굴러가는 가랑잎에도 깔깔거렸다
필동과 소공동을 오가며
명동을 가로질러 갔다

중림동과 소공동을 오가며
서부역 고가다리에서 지는 해에 고개 숙였다
열심히 즐거웠다
다달이 엄마한테 보낸다는 게 맘껏 뿌듯했다

가끔 회식
꾸리꾸리한 홍어찜을 제대로 먹으며
밤새워 일하는 건 최고의 별미
엉킨 1원을 찾아내는
긴장과 스릴과 성취와 안도감

한국은행을 지나
남대문 시장에서
3천 원 하는 치마를 건진다

한일은행 본점에서 일하는
고마운 친구는
가끔 만나 자기 집으로 초대해줬고

그 귀하다는 바나나를 사준다

요리도 잘하며 살림 구색이 좋은
반장 친구
주섬주섬 콩자반 도시락 싸주는
신매인니 친구
객지라고 안쓰러워하는 본토배기
서울 친구

콩자반만 먹고 살아도
피어나는 새싹처럼 재잘거리며
마냥
즐거운 즐거움

제3부

달을 따주세요

달을 따주세요
궁금해서 그래

내리사랑

칭얼거린다
얼러주지도
달래주지도 않는다

엄마 등에 매달리며
엄마를 붙잡고
엄마 엄마 부른다

엄마는 더욱 웅크린다
엄마 품에 누군가가 있다

충격이다
저 요람은 내 자리였다
엄마와 눈을 마주치며 옹알이하던
저 요람은 내 자리였다

울면서 자리를 뜬다
울면서 자리를 뜬다

수제껌

아이들은 어른들보다 먼저
밀밭을 껴안는다

노릿노릿 여물고 있는 밀 이삭을
도덕이 허락하는 만큼만
꺾이
손으로 싹싹 비벼 알갱이를 골라낸 다음
입으로 탈탈
털어 넣는다
잘근잘근 오물오물

쫀득하지 않다
어떠랴
풍선은 불어지지 않아도
힘차게 입김은 불어 넣는다

뒤란

비가 주룩주룩 내리는 날
비닐 창가에 앉아
우후죽순 풀잎에 기대어 본다

담장을 버티어 내는 아카시아나무와
잔가시 산딸기나무와
사랑스런 코스모스와
쑥떡, 쑥버무리, 쑥국 쑥
이름 모를 여러 친구들도 가득가득

마석모래들은 담장에 앉아
스르륵 스르륵 미끄럼을 타고
처마 끝 낙숫물은
퐁당 퐁당 퐁당
작은 호수를 만들어주고

호숫가가 꾸둑꾸둑 다독여지면
자연스레 자연스러운 생명들이 날아와
둥지를 틀고

초가집 뒤뜰엔
움트고 자라고 시들고 또 움트는

촉촉한 뒤란이 살고 있었다

잠깐씩 비쳐주는 햇살을 위로 삼아
서글피 버텨내는
뒤란이 살고 있었다

숨어
슬퍼 우는
외롭고 쓸쓸한 뒤란에 살고 있었다

집 안이면서도 집 밖이었나
초가집 뒤뜰엔

제풀에 피었다 제풀에 시들어 가는
뒤란이 살고 있었다

숨어 슬퍼 우는
뒤란이 살고 있었다

눈보라

쎄앵쎄앵
맨 허공에 맨 눈보라가 휘몰아친다
내려앉은 눈들도 화가 난 듯
냉큼 일어나 또 다른 눈보라로 소용돌이친다

손은 동상에 걸리고
얼굴은 벌겋게 부르트고
발은 꽁꽁 얼어 감각이 무디어진다

엄마표 무명보자기
엄마표 광목내복
엄마표 무명솜바지

눈썹서리를 달고
고개를 넘는다

한 고개 넘고 두 고개 넘고
또 넘고

소나무숲 울창한 작은 길로 들어서서야
애가 타나 남은 입김이
뽀얀 안도의 호흡을 한다

송진연기 가득한 거기 아랫목
고이고이 감싸놓은 거기 아랫목

울 할머니 손주사랑 손길이
얼다가 멍든 내 손등을 녹여줄 거다

울 할머니 손주사랑 손길이
북풍한파에 지친 내 손등을 녹여줄 거다

포근한 기대를 끌어안으며
맨 눈보라를 맨몸으로 맞서 걸으며
집으로 집으로 향한다

우산

웅덩이가 많다
자갈과 흙과 모래 틈에서
물창이 튄다
흙탕물이 튕긴다
피하고도 못 피한다

비슷한 처지의 친구들이
앞서거니 뒤서거니

궁핍은
대항의 이유가 될 수 없다
우산이 없을 뿐이다

대나무살 기름종이 우산이
파란색 비닐 우산이
검정색 튼튼한 헝겊 우산이

그러하기에

아프다고 말하지 못합니다
슬프다고 흐느끼지 못합니다

싫다고 투정하지 못합니다
그립다고 푸념하지 못합니다

보다 많은 삶들이
보다 더 무거울 수 있기에입니다

더 많이 아파하며
더 크게 허덕이며
더 힘겹게 견뎌내며
더 간절히 절규하기에

그 눈물 더 울도록
울도록
자리를 내어둡니다
자리를 내어드립니다

코스모스

땅속 나라로 숨어버려서
무척이나 많이 슬펐었는데

기다렸던 너의 소근거림이
메마른 황토에서도
풍요로운 거름더미에서도
간드러지게 새싹을 움트여내 고개 내밀었네?
고생했어
고마워

한들한들 하늘하늘
마디마디 가닥가닥 갈래갈래
겉모습은 가시처럼 보이더니만
어쩜 이렇게 오색 꽃을 펼쳐내었니?
살랑살랑
고마워

언덕에 있어주어 아름답고
길가에 있어주어 걱정스럽고
마을 어귀에도 있어주어 사랑인사 나누고

평화로와서 모아 보게 되고

신비로와서 훑어 보게 되고
춤추는 니 모습이 예쁘고 신기하여
더욱 깊이 진지하게 바라보게 되는구나

휘청이되 꺾이지 않을 거라고?
목이 길어 하늘 끝에도 닿을 수 있다고?
손편지 써주면
하늘 그니에게 전해줄 수도 있다고?

그래 그렇구나
그래 줄래?

그런 니가 있어주어 더욱 좋구나
이런 거가 행복이니?
그래 그렇구나
고마워 친구야

아부지하고 나하고

뉘엿뉘엿 어둑어둑
아부지가 무등을 태워주신다
마을 사람들이 함께 가자 한다
그림들이 휙휙 지나가고
그림 속 사람들이 뭐시라고 말도 한다

콧수건 가슴에 달고 초등 입학하던 날
아부지가 자전거를 태워주신다
아장아장 다니는 게 안쓰러웠을 법하다

받아쓰기가 뭐냐고 물어보신다
자신의 아버지를 따라 하는 걸까?

무더운 여름날엔 동생이랑도 평상에 누워
밤나무 그늘에서 낮잠을 잔다
소극적 게으른 평화다

턱수염 공격
꺄르륵 꺄르륵
피붙이 없는 땅에서 피붙이가 있다는 게
세상 좋으신 거였나 보다

객지생활

족쇄에 걸린 듯
떼어지지 아니하는 무거운 발길

옹기종기 아옹다옹
쫑알쫑알 꺄르륵 니캉내캉
배꼽 눈꼽
살과 살을 부비며
눈물 콧물
양재기에 한 모금
너도 한 모금

손때 묻은 구석구석
차곡차곡 쌓여진 과거 현재 미래

애틋함을 뒤로한 채
살길을 찾아 객지로 떠난다
쪽방을 찾아
아우성치는 한복판으로

어이하리요

거친 호흡의 인생을
어이하리요
약하고 부족하고 미숙한 인생을
어이하리요

휘몰아쳐 오는 매정한 광풍을 어이하리요
막아낼 방법 없어
슬퍼 애가 타는 인생을 어이하리요

찾아와 줘 감사함을 어이하리요

볼 수 있어 기쁨을 어이하리요

사랑 가득 행복함을 어이하리요

잠깐 지나고 나면 모두가 건너야 하는
생명의 강이 있을 터인데

지나는 동안 수고로움을
어이하리요

차렷 경례

뒤로 돌앗
차렷 경례

아이고
지 아부지를 향햐야
차렷 경례

뒤로 돌앗
차렷 경례
공손히 두 손 모으고

갈바람

바람이 온다
휘감듯 스치듯
볼과 머리카락 사이에서 머물다 사라진다

바람 위 저편
저 먼 나라에서는
옥색 저고리와
열두 폭 다홍치마가
이 하늘과 저 하늘에 나부끼며
천상의 세계를 그려낸다

눈을 감는다
노을 속으로 날아가는 꿈을 꾼다
펼쳐진 신비로움에
땅 위에 서 있음을 잊게 하려 한다
땅 위에 서 있음이 잊혀지려 한다

땅 위 저편
언덕배기 밭에서는
고구마 덩굴을 쇠스랑으로 젖혀내는
배고픈 허리가 휘청거린다

아이들은 꼼지락꼼지락

한 톨 한 톨
지 어매아배 땀방울을 주워 담는다
망태기에 주워 담는다

한 폭 한 폭
아스라이 떠오를 고향의 풍경도 주워 담는다
수채화에 주워 담는다

뉘엿뉘엿
저녁연기 알알이 피어오른다
남겨질 듯 사라질 듯 석양 사이로 피어오른다

갈바람이 옷깃에 스민다
휘감듯 스치듯
볼과 머리카락 사이에서 머물다 사라진다

편백나무야

그리하면 좋다 하여
긴 의자에 누워 숲을 마시며 있노라니

하아! 보고 싶구나
어찌 말로 말할 수 있으려나
꼬박 세운들
그리움들이 줄어들 수나 있다 하더냐
바람에 향기 싣고 가는 널 보고 있자 하니
더욱 그리하구나

새가 되어
나비가 되어
사랑하는 내 새끼 있는 곳에
훨~훨~ 날아가
온 몸의 체온으로 토닥토닥
안아주고 싶어 안달이 나는구나

참고 견디는 너희들 모습이 눈물이 되어
에미의 가슴을 슬픔으로 채우는구나

아니야, 아니야, 아니란다
좀 더

연습해야 하는 것이란다
훈련해야 하는 시간이란다

엄마 손이 닿지 못하더라도
혼자서도 울지 않고 일어날 수 있게
밥도 먹을 수 있게

그래그래, 그래야 한단다
그래그래, 잘할 수 있을 거란다
아빠하고 서로서로 분담도 하고

좀 춥구나
안간힘을 써볼께
사랑 실어 구름 타고 너희들을 만나러 갈게
호흡을 총동원하여
꼬옥
쓰다듬어 안아주려 만나러 갈게

가끔씩
편백향기 날아오거든
그리움 실은 엄마의 애닲음이
너희들 코끝으로 날아가는 거라 기억해주렴

아프지 않은 향기로
보듬어 안아주려 달려가고 있을 테니
사랑한다 내 아이들아

- 동생 마음이 되어

꿀단지

본인 잘 듣지 못하니 남도 그런 줄
불호령 같은 쩌렁쩌렁으로
갸 주라고
저 꿀단지 가리키며 니 가져가라고
손수 담그신 선홍표 엄니 고추장

먹어 남기리오
다 먹으면 안 보일까봐
다 먹으면 엄니 손길 안 보일까봐
먹다가
먹어 남기리오

손 걸음으로 뛰어나오시던
굳은살 한 더덕 입은 무릎 발로 기어 오시던
내 엄니를
내 만나보리오

엄니랑 나랑 두 발로 서서
안아보리오
고추장이 매웠다고 투정하리오

못하다가
먹어 비우지 못하다가
품에 안고 자다가

세월에 마르고 바트여
남은
두어 주먹거리를
털 털 털어 먹고 나서는

매워서 엉엉 울었다고
푸념하리오
목에 걸려 엉엉 울었다고
소리쳐 말하리오

내 엄니에게만
내 엄니에게만

낙엽

지금
버스 바퀴에서 쳇바퀴 돈다
그물에 걸린 정어리떼가 되어
파닥파닥 살아있다고 몸부림친다

발그레한 부끄러움으로 갸웃하며
샛노란 기겁으로 고개 떨구기까지
주어진 모든 시간 모조리 사랑했는데

지금
시간이 다 됐다
가라 하여
가려 하니
아랑곳하지 않고 매정하게 흘긴다

깊이 서운타
그럼에도 다시 보고파
평화가 있는 사람 세상에 다시 오고파
역사가 머물고 있는 묘한 세상에 다시 오고파
기약하는 이별이고 싶어 하여

뒹구느라 멍들었고
밟히어져 쓰라린 몸 이끌고
찬 서리 내리는 새벽녘에
가만히 수거차에 올라앉는다

친구들이 그리워 내리겠디 할까 하여
거부하면 다시 올 수 없다 할까 하여

지그시 눈물을 감아 자물쇠로 걸어 잠근다
나의 길을 떠나려고 채비한다
숙명을 채비한다

달을 따주세요

와~ 아름다워
멋있어
달 가지고 놀고 싶어
궁금해

두 손으로 나무 많이 모아서
손을 쭉 뻗어
하늘로 높이 올리면
닿을 수 있을 거야
할 수 있을 거야

빨리 어른이 되고
힘이 세지고 튼튼해져서
달 있는 데 가볼 거야

달을 따주세요
궁금해서 그래

그런데
달은 왜 멀리 있어?

아이스크림

눈사람이
많이 녹아서
아이스크림이 되었어
맛있어

방죽

곤혹이어 진땀이 난다
소름 끼치도록 무섭고도 진절머리 난다

뚝방길 위 아이는
지 몸 비틀거리다 빠질까봐
신작로를 사선으로 올려 걸으며
방죽과 멀어지려 안간힘을 쓴다

옹기종기 주섬주섬 피어오르는
굴뚝 연기도
누워서 비쳐오는 현란한 오색 광채도
싫으니 싫으니

지금은
무섭지 않은 그냥 길을 걷고 싶다고
하소연 하소연 읍소한다

느닷없는 돌풍 아래
중심 잃는 아이는

느닷없는 광풍과
맞닥뜨린 아이는

신작로를 사선으로 올려 걸으며
곤혹이어 진땀이 난다
방죽이 휘몰아친다

그녀

어쩌자고
어쩌려고
자포자기했던가

몸은 부서지고
마음은 멍들고
그리움은 차고 넘쳐 가루가 되고
남네 편 그니의 피땀으로 땅마지기는 장만해 보고

어쩌자고
그 넓은 논두렁을 혼자 일구려 했던가
어쩌려고
허기를 채우고자 깨우친 지혜가 음료였던가

살면 살아지려나 했던가
살면 늙어지려나 했던가
몸 부수어
자식들 색연필 깎아주려 했던가

걸음아 날 살려내거라

오늘도 길 위를 걷는다
하루도 빼먹지 않고 길 위를 걷는다

걸음아 혈당을 지켜내거라
걸음아 혈압을 돌려놓거라

걸음아 날 살려내거라

오늘도 길 위를 걷는다
하루도 빼먹지 않고 길 위를 걷는다

의자

의자가 기다린다

앉아 기다리다가
서서 기다리다가
걸으며 기다리다가

허기가 걸어올 때까지
인기척을 기다리다가
땅강아지를 기다리다가

지나가는 자동차를 보고
사람 사는 세상임을 확인한다
움직여서 반갑다고
혼잣말한다

의자 발바닥 사이로
개미 한 가족이 떼 지어 지나간다
사랑스런 가족이구나
혼잣말한다

덩그러니 홀로
주춤주춤 기다리다가

풀잎 부르는 소리에 힘을 내어
발걸음을 일으켜 세운다

백발 사이로 땀 기운이 가신다
지는 해 너머로
한시름 외롬이 밀려온다

밀려오는 외롬은 외롬 아니라고
그리움이라고
혼잣말한다

덩그러니 홀로
도로가 한 모퉁이에
피브씨 의자가 앉아 있다

제4부

울 동네 울 동무

울 동네가 그립소다
울 동무가 그립소다

창문을 잠그고

불현듯 문득문득
그리움이 몰려오면
창문을 걸어 잠그고
엉엉 꺼억 꺼억
소리 숨겨 소리 질러본다
그러지 않으면 가슴이 터질 것 같아

불현듯 문득문득
그리움이 몰려오면
손수건 입에 악물고
엉엉 꺼억 꺼억
소리 내어 소리 숨겨본다
그러지 않으면 가슴이 폭발할 것 같아

무슨 그리움이 있다니
모두들 그리움이 있다던데

소중하여 지울 수 없고
보물이어 버릴 수 없고

버릴 용기 있다면
살 용기 없어지기도

창문 걸어 잠그고 조그맣게
더 조그맣게
엉엉 꺼억 꺼억
소리 내어 소리 숨기어 본다
그러지 않으면 몸둥이가 쓰러질 것 같아

무슨 그리움이 있다니
모두들 그리움이 있다던데

사슴의 발

벼랑 끝 바위를 타요
산꼭대기까지 오를 수도 있어요
비탈에 걸터 서서도 미끄러지지 않아요
소금도 잘 먹어요

우아한 몸짓과 날렵한 발은 발레리나 못지 않아요
절벽 위에 우뚝 설 때면 곡예사 못지 않아요

멀리 내다볼 수도 있어요
널리 바라볼 수도 있어요
예리한 청음으로
노리는 자들에게서 벗어날 수도 있어요
모두를 피하지는 못하지만 피할 수는 있어요

가시나무에 걸려 울기도 하고
목이 말라
목젖이 입천장에 달라붙어 생사를 넘나들기도 하지만

푸른 풀과 맑은 시냇물을 찾아
광야와 계곡과 산등성이를 헤매다가
생명줄을 만나곤 하죠

두 귀는 쫑긋, 눈망울은 물그림자,
강인한 네 다리로 내젓고 휘저어
달음박질로 생존하며 잘 살고 있죠

날카로운 이빨과 앙칼진 발톱은 없어도
나에겐 생명비밀이
나만의 소중한 생명비밀이
남이 따라 할 수 없는 생명비밀이

내 속에 어딘가에 꽁꽁
숨기어져 있기 때문일 거예요
보이지 않는 낮고 어두운 곳에
감춰져 있기 때문일 거예요

그래서
나는 나를
사슴의 발이라고 한답니다
나에게만 살짝 말한답니다

선택

사랑과 연민 사이에서
타협을 합니다

살아온 길과
살아갈 길 사이에서
무언가와 고민을 합니다

지금 좋은 것들과
차차 좋아질 것들과 사이에서
알지 못할 무언가와 절충을 합니다

근사한 계획들과
그렇지 않는 것들과도
행복을 장담하고 싶은 것들과
그렇지 않는 것들과도

그리고는 하나를 선택합니다
이쁜 꿈들을 꾸며
고운 밥상을 차립니다

좀 고달파지려 할 때면
그냥 적응하기로 합니다

물씬물씬 걱정스런 풍파가 느껴질 때도
그냥 적응하기로 합니다

원했던 것만으로는
살아질 수 없다는 걸 알아가면서
마음을 꼿꼿하게 버티어냅니다

주저앉을 것 같은 그리움들이 몰려와
겹겹이 에워싸려 할 때도
더욱 꼿꼿하게 버텨냅니다

선택들을 살아냅니다
몹시 즐거운 맘으로 선택들을 살아냅니다

기다리다가

바람이라도 찾아오려나

누군가가 올 것 같은 기다림에
기다리다가
지쳐
가슴이 운다
이건 몹쓸 노릇이렸다

비라도 찾아오려나

누군가가 올 것 같은 기다림에
기다리다가
지쳐
눈꺼풀이 기운다
이건 몹쓸 노릇이렸다

기대어
기다리다가

기대어
기다리다가
안으로

안으로 들어가 버린다

세월을 안고
안으로 들어가 버린다
커튼을 내려 가리며
안으로 들어가 버린다

바램은 없다면서도
누군가가 올 것 같은 기다림에
기다리다가
지쳐
어둠이 내린다

변화

카세트테이프
시디(CD)
조심조심 누르면서
살금살금 들었다

지금은 없다

앞면 유리창에는 달려가는 내가 보이고
옆구리에서는
조그맣게 얼씬만 해도
요란스럽게 경고음을 준다
온갖 귀띔을 서슴지 않는다

때론
내가 없이도
나를 실어 나를 수도 있다 한다
기쁠 일인지 놀랄 일인지 헷갈려 온다

변화무쌍의 무례함은
편리의 꼭대기일까

몸으로 하는 일들을
몸이 모르는 세상이라면
몸은 무엇으로 살아야 할까

기쁠 일인지 놀랄 일인지
도무지 헷갈려 온다
편리의 즐거움이
맘에 들어 도무지 헷갈려 온다

고향내음

풀잎에 맺히는 아침 이슬 소리에
문득
봄이 오나 한다

병아리 깃털처럼
여리고 애처로운 새순 아이들

땅 내음 안고서
고개를 내민다
고향 내음 안고서
새싹을 내민다

파릇파릇 으쓱대는
야들야들 앳된 상춧잎이

쑥스러이 고개 내민
한 웅큼 부춧잎이

다다랭이처럼 다닥다닥
풀 아이들이

성큼성큼 길다란
나무 아이들이

아침 이슬 먹으며 쑥쑥 자란다

영롱한 곡예사
애기거미도
출렁다리 위에서
엉금엉금

아침 이슬 먹으며 쑥쑥 자란다
고향 내음 안고서 쑥쑥 자란다

아침 이슬 소리에
문득
봄이 오나 한다
봄이 왔나 했다

울 동네 울 동무

산동네 굽이굽이
한 마당이 두 집 되는 급한 동네 울 동네
묘똥 위에 올라서면
초승달이 보이고

물동이 내려놓고 작두펌프 스악스악
샘솟는 땅속 물 콸콸 콸콸
마른 땅 배곯이 목마름 해갈 완료

작은 도랑 그 도랑엔
꼭대기서 졸졸 졸졸
언덕인가
나무인가
어디서 나오는지 언제나 졸졸 졸졸
송사리떼 놀고 있나
붕어님들 마실 왔나
어디 보자 어디 보자 거꾸로 올라가네

졸졸졸 도랑가엔 미루나무 줄줄이
햇살 먹은 뒷모습에
눈이 부셔 하하하
무리 지어 하하하

도랑 끝엔 그 도랑엔 수렁구지 논두렁
벼 짚단이 세워지면 이삭줍기 종종걸음
푹 빠지면 못 나오니 살금살금 동동걸음
오뉴월 보릿고개 목구멍에 풀칠함세
뚝새풀을 알알이
바가지로 훑어 모아
죽 한 그릇 푸짐할세 아이들이 훑어왔네

솔밭 언덕 모래땅엔
녹두 콩이 자리매김
까칠하고 메마르니 다른 아이 접근금지

송진가루 흩날리면 노랑나비 구경 왔나
장독대에 윗뚜껑이 노래지네 노래지네
흰나비도 놀러왔나
꽃님들이 춤을 추니 모두모두 오구려

공기놀이 자치기 땅따먹기 숨바꼭질
그립소다
그립소다
어릴 적 뛰놀던
울 동네가 그립소다
울 동무가 그립소다

얼아가

모퉁이 턱에서 철퍼덕
빠르게 걷고 싶었나
달리고 싶었나

할머의 놀란 가슴은
사랑스런 손주에게 놀란 사랑을 준다

순식간에 잡아당긴 사랑 손으로
찰싹찰싹
등뼉치기한다

얼아가 운다
아 물론
살짝이다

놀랐나
아팠나
서러웠나
엄마 생각났나
얼아가 운다

발자국

이해합니다
그래서 암말 안 했습니다
우리끼리 속상해했습니다

이해합니다
강아지들이 많았으니요
그래서 암말 안 했습니다
우리끼리 속상해했습니다

그래서 암말 안 했습니다
된장은 메주로 만드는 거니까요

밤에는 실눈이 내렸답니다
조용한 발자국
고양인가 하여 냅뒀습니다

경계선

궁창의 경계선에서
숨을 쉰다

궁휼의 경계선에서
숨을 쉰다

안개처럼 피어오르다
알알이 부수어지는
환희의 물보라

펼쳐진 아름다운 동산에서
숨을 쉰다

은총의 경계선에서
숨을 쉰다

삶의 경계선에서
숨을 쉰다

끝나야 끝나지요

가슴을 옥죄여 오는 이름이 있습니다
아쉬움에 몸부림치는 이름이 있습니다
끝나도 끝나지 않는 이름이 있습니다
끝나야 끝나는 이름이 있습니다

끝없이 부르고 싶은 이름이 있습니다
별명이 이름인 이름이 있습니다
부를 수 없는 이름이 있습니다

끝나지 않았지만
끝난 것처럼 살아가는

그렇게 살다 보면
진짜 끝난 것처럼 되기도 하더라는
그런 이름이 있습니다
그러기도 하더라는 그런 이름이 있습니다

홀가분한 일입니다
즐거운 일입니다

시간

기쁘게 배웅해다오
냉정하게 생각해다오

서로 많이 사랑하며
서로 보듬어 안아주며

생명과 함께
생명 길을 걸어 가거라
그곳엔 생명나무가 있다 하잖니?

먼 훗날
생명나무별에서
사자와 뛰노는 생명나무 동산에서
어미로 기억되거든
어미의 아이들로 기억되거든
생명나무 숲길에서 만나자꾸나

너희들과 함께 행복했던 건
노력 위에 햇빛과 구름비를 주신
아바 아버지 은총이 있었기에란다

어미 손이 이르지 못하는 곳에
어미보다 먼저 가 보호해 달라고
부탁 많이 했었지
많이 부탁했었지

이제 기런디
본향으로 돌아가련다
나보다 더 사랑하신다 하는구나

세상에 있는 모든 사랑을 더해
많이 사랑했다
많이 사랑한다
안녕

보리밥

울 할머니
두 겹 소쿠리에 담겨 있는
퉁퉁 부은 보리알을

애벌 보리알
까실까실 모래알
니 알 내 알 보리알
부실부실 보리알을

반질반질해진 무쇠솥에 넣고
아궁이에 불을 지핀다

두 탕 익혀진 보리알은
숟가락 위에 옹기종기 걸터앉는다

참기름은 언감생심
진빨강 고추장에 철퍽철퍽

허겁지겁 후다닥 넘긴다
거무틱틱 때깔을 감추고
술술 넘긴다

밥인지 고추장인지
성큼성큼 넘긴다

몽땅몽땅 떠서
훌훌 넘긴다

드디어 석고대죄
툇마루에 엎드리어
토방에 큰절 올린다

입을 탁탁 치며
귀를 탁탁 치며
매운 얼기여 어서어서 빠져나가거라

매운 눈물 흥건히
매운 얼기여 어서어서 빠져나가거라

등잔불

고운 밤
종달새도 잠드는 고즈넉한 밤

고운 밤
멍멍이도 잠드는 고요한 밤

허름한 문틈 사이
그윽히 걸어오는 달빛 향기가
촉촉한 산천의 밤을 두드리면

찬찬히 스며와
살짜기 덮어주는 달빛 이불
다소곳이 받아 덮어
다독다독
별들도 숨 가리며 새근새근
등잔불도 숨죽이며 새록새록

어수룩한 벽지가
산바람 달려오는 소리에
부시시 껌벅껌벅
살며시 귓볼을 연다

부시시
고운 밤이 흔들리면

부시시
등잔불이 휘청이면

소스라치게 놀란 그을음이
굴뚝 두 개를 선물이라며
남겨주고

창가를 서성이던 살가운 달님이
간신히 고개 내민 고뇌의 삶을
안쓰러이 따스이 살포시
보듬어 안아줄 때

옹여맨 문틈 사이
촉촉한 산천의 밤은
깊은 정적에 외로움을 쓸어내린다

소리 없는 적막함에
쓸쓸히 홀로 눈물 훔친다
검불데기 수건 삼아 눈물 훔친다

우리네

메뚜기, 물방개, 우렁이, 미꾸라지
방아깨비 찾으러 동네방네
잠자리 잡으러 이리저리
고추잠자리는 왜케 빨라

묘똥은 우리네 미끄럼틀
꺄르륵 꺄르륵 깔깔깔

산과 들은 우리네
논두렁 밭두렁은 호기심 창고

삘기 뽑아 주스 한 모금
꼬부라진 할미꽃 일으켜 세우며
손가락 끝으로 일어나봐
일어나봐

긴긴밤
뒤척이다 지쳐
마실 오는 아지매들

강원도식 울 집 김치
맛있다 하더니만

김치도 동이 나고
고구마도 동이 났네

동이 트면 아침이 되고
해가 지면 밤이 되고

사는 모습
사람 모습
우리네 모습

아이야

달리어 볼까
잡아줄 손
예 있단다

천천히
오늘도 한 번
내일도 한 번
그래
더 조금씩

거북이 등에 실려와
숲에다 두고 와서 예 없다
아니하리니
예 있다 말하리니

손 잡아다오
예 잡아다오

혼란한 건 멀리 던져 버리고
불안한 건 멀리 날려 보내고

초롱초롱 호기심으로
윗니 아랫니 드러나는 너털웃음으로

띄엄띄엄 옮기던 걸음마 연습처럼
천천히 한 걸음씩
한 걸음씩

숲에다 두고 와서 예 없다
아니하리니
예 있다 말하리니

예 잡아다오
마주 잡아다오

미루나무

파드득 떨어지니 잘 보듬어 안으렴
잘 키워줄 테니
놀라지 말으렴

애벌레 찾아서
입에 쏘옥 넣어줄 테니
걱정하지 말으렴

미안해 미안해
괴롭도록 미안해
니가 슬프다는 걸 몰랐어
니가 보호자라는 걸 몰랐어

어미
울부짖는 소리에
너도 같이 흐느껴 울고 있었다는 거

새끼
엄마 찾는 소리에
너도 같이 목 놓아 울고 있었다는 거

니가 발을 동동 구르며
괴로워했었다는 거

몰랐어 몰랐어
하나도 몰랐어
상심을 몰랐어
깡통이었어

미안해 미안해
괴롭도록 미안해

공간

하늘에서 쏟아지더라
공간에서 공간까지

또 떨어지더라
계속 떨어지더라
여기서 번쩍
저기서 번쩍
별똥별이라 부르더라

어제도 보이더라
오늘도 보이더라
눈 깜박하면 보이다가
눈 깜박하면 사라지더라
허망이라 하더라

반짝반짝 반짝반짝
뚫어져라 보이더라

저건
북두칠성이라 하더라

저건
카시오페아라 하더라

은하수도 보이더라
은하수라 하더라
그런가 하더라

광활함을 알 수 없다 하더라
우리는 알 수 없다 하더라
그런가 하더라

별똥별은
별이 아니었음을 알아가더라

우리가
공간에 있음을 알아가더라
우리는
하나의
티끌임을 알아가더라

보고 싶다구요

진정이라면
그리 말하지 말아주세요

삶의 한구석에 숨어 있는
삶의 한 조각 깊은 파편으로
아팠더라도요

부지깽이로
살살 달래며
간신히 토닥여 놓은 그리운 잿더미
어이 없었다 말할 수 있겠소

보고 싶다 하여
보았음이 되고 나면
더해지는 보고픔을
어이 겪으라시나요

여기 하늘을 향해 말해주세요
거기 하늘을 향해 메아리로 전하리이다

진정이라면
그리 말하지 말아주세요

로버트 엄마

이모 할머는
외롭겠다
엄마가 없으니까

으응
늙으면 엄마가 없기도 해
그럴 수도 있어

그래?
그럼
뱃속에서
아기가 태어나고 있어?
엄마가 태어나고 있어?

으응
그렇겠구나
근데
엄마는 커야 하니까 시간이 많이 걸릴 거야

그래
그럼
로버트 엄마 만들어 주자

빨리 만들 수 있잖아

으응
그래 좋아
그렇게 해보자

- 도시 텃밭들을 바라보며

니가 부서지면

살포시 겹꽃을 피워준다
포근하여 행복하다

라고
말하려던 참이었는데
갑자기 어안이 벙벙해진다

지 맘대로의 바람이 일어
내 몸의 친구들을 할퀴고 지나간다
백설꽃 친구는 부서져 떨어지며 아파한다
슬퍼 흩어 낙하한다

다시
나는
추움과 함께
동토에 얼어붙은
마른 줄기
핏기 없는 광야의 가지로
남겨진다

웅크린 나
핼쑥해진 내 가지는

한 발짝도 걸을 수 없는
내 몸의 뿌리가
사투를 벌이는 동안

뼈마디를 패댕이 치는
칼바람과 마주하며
외롬의 골짜기에서
혹한을 살아낸다

초록 친구를 기다리며
넋 없이 세월을 버텨낸다

니가 부서지면
난
무너지지 않으려
시간을 버리고
온 힘을 다해 뿌리를 움켜잡는다